MÉMOIRE

DU SIEUR CHARLES BOSQUE,

AVOCAT A TABAGO,

ADRESSÉ

A L'ASSEMBLÉE NATIONALE,

Dont l'impreſſion a été ordonnée par l'Aſſemblée générale de la Section de la Bibliothèque, le 21 Décembre 1790.

DEUXIÈME ÉDITION.

A PARIS,

De l'Imprimerie de L. POTIER DE LILLE,
rue Favart, N°. 5.

1791.

MÉMOIRE

ADRESSÉ

A L'ASSEMBLÉE NATIONALE,

PAR le fieur CHARLES BOSQUE, Avocat à Tabago, tant en fon nom que comme porteur de la procuration du fieur MARC-ANTOINE FOUQUET, réfidant à Tabago, contenant plufieurs chefs d'accufations graves;

CONTRE le fieur DE JOBAL, commandant ladite Colonie en l'abfence de M. DILLON, Gouverneur;

ET ENCORE CONTRE, 1º. le fieur GILBERT PÉTRIE, habitant & Juge de la Cour de Chancellerie de ladite ifle; 2º. le fieur WIGHTMAN, Secrétaire de l'Affemblée coloniale de Tabago; 3º. le fieur COUTURIER DU HATON, Commiffaire en la Cour de commiffion de ladite ifle; 4º. le frère PATERNE, religieux de l'ordre de la charité; 5º. le fieur CARMINUS DE VITA, habitant de Tabago

A 2

& navigateur ; 6°. le sieur VIDAL, arpenteur général ; 7°. le sieur WILSON, habitant & juge de la Cour de Chancellerie, tous employés, résidans & domiciliés à Tabago, à l'exception du sieur COUTURIER DU HATON, qui se trouve actuellement à Paris ;

ET DEMANDE en révocation de plusieurs ordres, & cassation, 1°. d'un jugement rendu en la Cour de Chancellerie de Tabago, contre le sieur BOSQUE, en date du 8 Juillet 1789 ; 2°. d'un jugement de la Cour de Commission (établie à Tabago par Sa Majesté, uniquement pour la liquidation des dettes des capitalistes étrangers, avec les habitans de ladite isle), rendu contre le sieur FOUQUET, le 15 Juin même année ; 3°. d'un jugement de la Cour d'Oïer & Terminer, & évacuations des prisons de ladite isle, rendu contre ledit FOUQUET, le 16 Juin 1789 ; 4°. d'un jugement contre le sieur BOSQUE, de la Cour du Gouvernement de ladite isle, du 15 Septembre 1789 ; 5°. d'un autre jugement de la Cour de Chancellerie de Tabago, du 28 Septembre même année, rendu contre le sieur BOSQUE ; 6°. demande en réintégration d'une portion de terre apparte-nante aux Indiens ou Caraïbes rouges, injus-

tement dépossédés en 1789, par le sieur CAR-
MINUS DE VITA, habitant & navigateur
de ladite isle , avec dépens , dommages &
intéréts.

MESSIEURS,

SI le devoir d'un citoyen, celui de faire rendre
justice à des malheureux , d'empêcher à l'avenir
de pareils abus d'autorité, l'intérêt général & mon
honneur injustement attaqué, ne me provoquoient
à une délation qui , dans tout autre cas, seroit
odieuse, je m'interdirois de vous distraire des fonctions qui vous occupent ; mais l'honneur & l'intérêt des François , vivans à Tabago , éloignés
de dix-huit cens lieues de la capitale , qui n'ont
aucun rapport, par l'organisation intérieure de leur
colonie, avec les autres Antilles , font des motifs
trop puissans pour arrêter la démarche qui m'a
porté à traverser les mers ; tous ces motifs, dis-je,
& les droits que donne la nouvelle constitution ,
de se considérer comme partie d'un grand tout ,
qui ne peut avoir de force que par l'ensemble qui
le compose , m'obligent de dénoncer à votre au-
guste tribunal M. de Jobal , commandant à Tabago (en l'absence de M. Dillon , gouverneur),

comme coupable d'abus d'autorité repréhenfible &
fans exemple , dont l'affemblée nationale feule
peut prendre connoiffance. Le fieur de Jobal ,
étant un des agens du pouvoir exécutif , & ref-
ponfable de fa conduite devant vous. . . . . oui ,
j'ofe le dire , être unique exiftant dans cette colonie qui eut affez de courage pour lui oppofer
une barrière ; victime mille fois pour une , toujours
irréprochable dans l'étendue de mes devoirs , fi
je ne parvenois pas à déraciner le crime , du
moins , en fouffrant avec fermeté , & m'expofant
le premier aux fureurs d'une barbarie fans exemple ,
je le diminuois. Quoi ! dira-t-on , fouffrir fans fe
plaindre ! n'oppofer que la loi à un defpote effréné
qui n'a de principes qu'une volonte arbitraire !
Hélas ! j'adreffai , en 1789 , au miniftre de la
marine , un mémoire par *duplicata* , concernant
un jugement rendu par M. de Jobal , à une féance
de la cour de chancellerie , auffi abfurde qu'inique ,
qui m'enlevoit 2000 livres tournois d'appointemens
annuels , & 4000 livres juftement acquifes , ainfi
que mon état. Ce mémoire eft demeuré fans
réponfe.

Le procureur général de Tabago , qui , depuis
long-temps , gardoit le plus morne filence , fut
forcé , par la clameur publique , de remplir les
devoirs de fon miniftère. Ne pouvant arrêter la

tyrannie, il en inſtruiſit le miniſtre de la marine. Quel ſort ont eu ſes mémoires ? Je l'ignore.

O mes concitoyens ! votre bien, votre état, votre fortune, votre liberté, deviennent la proie d'un orgueilleux deſpote !... Eloignés de la capitale, vos gémiſſemens n'y peuvent parvenir que par la voie du miniſtère public, & vous êtes oubliés... Eſt-ce dans le ſiècle de la liberté françoiſe que de pareils abus ſeront tolérés ? Non, ils ſubiront le ſort qu'ils méritent.

Nos repréſentans, animés de l'eſprit qui fait admirer le François par les autres nations, jetteront un œil favorable ſur les juſtes accuſations que je ſoumets à leurs lumières : chargés de grands travaux, les moindres ne ſeront point oubliés. Eh ! comment le ſeroient-ils ? Iſolés ſous un autre hémiſphère, nous n'en ſommes pas moins des hommes François. Ce titre nous donne droit de participer à la nouvelle conſtitution. ... Auſſi n'héſitons pas de le croire ; nos biens nous ſeront remis ; notre état, injuſtement enlevé, nous ſera rendu ; notre honneur, indignement flétri, ſera réparé, ainſi que les pertes éprouvées ſous l'arbitraire d'un homme abſolu : tel eſt l'eſpoir qui m'anime ; tel eſt celui de tous François.

Veuillez donc, Meſſieurs, regarder mes accuſations & mes doléances avec les yeux d'un juge

(8)

févère : fi, portées injuftement, elles attirent votre animadverfion, puniffez l'accufateur avec cette rigidité qui doit, au fein de la liberté, faire trouver le repos, qui ne fauroit exifter, fi les délations mal fondées n'étoient punies : mais fi, au contraire, mes accufations font prouvées, donnez un exemple à la nation, qui avertiffe les agens fubalternes du pouvoir exécutif, que, refponfables de l'exécution des loix, ils font doublement coupables, en abufant de l'autorité qui leur eft confiée.

PREMIER CHEF D'ACCUSATION.

Emprifonnement illégal & injufte du fieur Ruthie, habitant de Tabago ; violation d'un acte du parlement Britannique, connu fous le nom d'habeas corpus, & emprifonnement des fieurs Lefebvre, folliciteur général, & Bofque, avocat.

FAITS.

EXERÇANT à Tabago la profeffion d'avocat depuis 1787, je me confidérois comme appartenant au public : mon ferment m'étoit toujours préfent ; & dès l'inftant qu'un malheureux, un opprimé imploroit mon miniftère, je ne voyois que mes obligations ; refpectant les fupérieurs, je n'en étois pas moins inflexible, lorfque la veuve, l'orphelin, en un mot, le citoyen, fe trouvoient victimes de vexations odieufes : on n'aura pas de peine à fe perfuader que cette conduite ne déplût infiniment à M. de Jobal, qui fe trouva, en l'abfence de M. Dillon, gouverner cette colonie.

Plufieurs perfécutions, éprouvées antérieurement à mes accufations, me déterminèrent à me munir de pièces qui prouvaffent les abus d'autorité, fi leur continuité me forçoit d'adreffer mes doléances à la capitale.... Ce temps ne tarda pas d'arriver.

Le 26 mai 1788, le fieur Ruthie ayant acheté vingt-une aunes de toile d'une négreffe appartenant à la dame Tharode, boulangère à Tabago, celle-ci prétendit que fa négreffe avoit vendu la toile à quelques fous de moins que fes ordres, & de but en blanc vint infulter l'acquéreur.

Le fieur Ruthie fe contenta de lui répondre qu'il avoit acheté d'une marchande publique, & payé le prix convenu ; mais que toutes fes raifons ne l'em-pêcheroit pas de lui donner le montant de fa petite réclamation, fi elle s'y prenoit honnêtement : la dame Tharode porta fes plaintes, & M. le com-mandant, fans entendre les parties, fit mettre le fieur Ruthie en prifon & aux fers.

Les loix angloifes, régiffant la colonie de Tabago, me portèrent, conjointement avec feu le sieur Lefebvre, en son vivant solliciteur général de ladite isle, à invoquer pour ce prisonnier l'acte d'*habeas corpus*, si célèbre en Angleterre, afin que ledit sieur Ruthie fût traduit devant des juges compétens, & là, son emprisonnement jugé légal ou non. Mon zèle, loin d'attirer l'exécution de la loi, fut récompensé par mon emprisonnement & celui de mon collègue (1).

DEUXIÈME CHEF D'ACCUSATION.

Infraction aux règles de la cour de chancellerie, & à un acte de la législation de Tabago, qui l'établit. Privation injuste de ma place de député-secrétaire de l'assemblée coloniale de Tabago, & d'une somme de 4000 liv. tournois, par un jugement partial en faveur du sieur Wightman.

FAITS.

LE 5 février 1788, je fus nommé député-secrétaire par unanimité des suffrages de l'assemblée coloniale de l'isle de Tabago (établie par une ordonnance de MM. les administrateurs de ladite

______

(1) Les preuves relatives à cette accusation, sont contenues à la liasse n°. 1, sous les cotes A, B, C, D, E.

isle, du 21 octobre 1787, & sanctionnée par sa majesté, suivant une lettre de M. de la Luzerne, ministre de la marine, du 7 août 1788), afin que je suppléasse à l'inexpérience du secrétaire de ladite assemblée, qui, ne connoissant pas assez la langue françoise, se trouvoit hors d'état d'en remplir les fonctions.

Je m'acquittois avec zèle & l'approbation de la colonie, des devoirs de ma place : à l'issue de deux assemblées, je demandai la moitié des honoraires dévolus au secrétaire, ainsi qu'une autre somme de 2762 liv., qui m'étoit due par ledit secrétaire ; celui-ci refusa. Procès intervint, & M. de Jobal, s'arrogeant, avec le sieur Pétrie (1), tous les droits de la cour de chancellerie, où cette affaire fut portée, se permit de condamner, le 8 juillet 1789, le sieur Wightman, secrétaire, à payer seulement le quart de la somme réclamée, alloua le compte non contesté, & m'enleva mon état, que je tenois du vœu général de l'assemblée coloniale de Tabago (2).

Le sieur Wightman, ma partie adverse, fut si

---

(1) Le sieur Pétrie, habitant de Tabago, est un des juges de la cour de chancellerie de cette isle.

(2) Les preuves de ces faits sont contenus à la liasse n°. 2, sous les cotes A, B, C, D, E, F, G, H.

honteux d'un prononcé auſſi injuſte, qu'il m'offrit 1650 liv. de plus, ce que je refuſai, & leſdits offre & refus furent inſcrits au bas dudit jugement (1).

Le ſieur Wightman, profitant, ſix mois après, d'un moment où je me trouvois en proie à la fureur ariſtocratique , & forcé de ſubir la loi du plus fort , m'obligea de lui donner quittance (2).

TROISIÈME CHEF D'ACCUSATION, ET DEMANDE EN CASSATION,

1°. D'un jugement de la cour de commiſſion de Tabago , du 15 juillet 1789 ; 2°. d'un jugement inique de la cour d'Oïer & Terminer , & évacuations des priſons de ladite iſle , au nom & comme porteur de la procuration du ſieur Marc-Antoine Fouquet , employé dans les bureaux de ſa majeſté en l'iſle de Tabago.

JAMAIS juge ne ſe permit l'arbitraire plus ouvertement que ne le fit dans cette cauſe M. de

---

(1) Le ſieur Grelier , commiſſaire des colonies , qui ſiégeoit à la place de M. l'ordonnateur à cette cour extraordinaire , indigné d'une pareille injuſtice , refuſa de ſigner , & ſe retira.

(2) La preuve de ce fait inique de la part du ſieur

Jobal. Décharger un coupable, eſt une injuſtice ; mais condamner un innocent, pour ſouſtraire le coupable, eſt une atrocité ; interdire aux juges d'en prendre connoiſſance, à l'opprimé de parler, & à l'avocat de le défendre, n'eſt-ce pas le comble de toutes les horreurs ? C'eſt cependant ce qui ſe rencontre dans ce troiſième chef d'accuſation ; auſſi le ſieur Fouquet élève ſa voix vers vous, Meſſieurs ; il réclame la caſſation de deux jugemens qui le privent injuſtement de la qualité de citoyen actif : rendez-lui l'honneur, Meſſieurs, c'eſt le plus cher apanage du François, & puniſſez l'abus d'une autorité ſans exemple, c'eſt le vœu général, c'eſt le cri de l'homme : nous oſons l'eſpérer.

F A I T S.

Le 12 juin 1789, le feu ſieur Lefebvre, en ſon vivant ſolliciteur général à Tabago, en vertu des droits de ſa place, fit aſſigner, pour comparoître devant lui, le ſieur Marc-Antoine Fouquet, pour venir dire & dépoſer vérité ſur les faits dont il ſeroit enquis ; le ſieur Fouquet, s'étant rendu au vœu de

---

Wightman, eſt contenue à la liaſſe nº. 2, ſous la cote I. Il eſt à croire que le ſieur Wightman n'a fait cela qu'à la ſollicitation de M. de Jobal.

la loi, & interrogé fur la nature d'un vol qui avoit été fait à la fucceffion du père Donatien Merlo, frère de l'ordre de la charité, en fon vivant fupérieur de l'hôpital de Tabago, dont le bruit public accufoit le fieur Couturier du Haton, actuellement à Paris ; ledit Fouquet, dis-je, dépofa des faits qui chargèrent ledit Couturier & le frère Paterne, religieux de l'ordre fufdit de la charité.

Le fieur Couturier, inftruit de cette dépofition, intrigua fourdement auprès de M. de Jobal, pour arrêter une inftruction qui ne pouvoit que lui devenir funefte.

M. de Jobal, voulant protéger ledit Couturier du Haton, & donner une apparence de légalité à l'infraction des loix, qu'il fe propofoit de ne point refpecter, s'imagina de convoquer une cour de commiffion (établie uniquement pour la liquidation des dettes des habitans de la colonie, avec les capitaliftes étrangers), dont ledit Couturier du Haton étoit membre ; & là, le 15 du même mois de juin, aidé d'un fieur Dangleberme, commiffaire en ladite cour, M. de Jobal s'avifa de mander le fieur Fouquet, *&, fans l'entendre, le fit condamner comme calomniateur, déchargea ledit Couturier du Haton de l'accufation, fans que celui-ci eût fourni la moindre preuve de fon innocence, & ordonna en outre l'impreffion de* cinquante exemplaires d'un jugement aussi indigne, qui furent affichés aux dépens dudit Fouquet.

Le sieur Fouquet, hors du palais, court, tout éploré, chez moi, & m'expose l'infâmie qu'il vient de subir injustement, implore mon secours. . . . . . Révolté d'un pareil abus d'autorité sans exemple, je lui dictois une requête, pour être présentée le lende-main, 16 du même mois, à la cour d'Oïer & Terminer, qui devoit tenir sa séance, par laquelle j'exposai les faits ci-dessus, & le fis protester de nullité & d'incompétence dudit tribunal, en ré-clamant la cassation dudit jugement.

M. de Jobal, averti que le sieur Fouquet avoit eu recours à moi, n'eut plus de frein, & voici l'ordre qu'il eut l'indignité de signer : *Je défends au sieur Bosque d'appeler du jugement rendu hier à la commission, n'ayant pas pris mes ordres, & devant respecter ce que cette cour a décidé, & au sieur Fouquet de se taire, devant être très-heureux de la douceur de ce jugement, & j'invite MM. les jurés à ne pas le recevoir en plainte, cette affaire étant terminée par MM. les admi-nistrateurs & conseillers du roi, etablis pour la liquidation des dettes de l'isle de Tabago, envers les étrangers. Port-Louis, 16 juin 1789.*

Signé le chevalier de JOBAL.

Le sieur Fouquet, commandé par l'honneur,

malgré cet ordre, eut affez de courage pour préfenter fa requête. Qu'en arriva-t-il ? *Que les grands-jurés, affervis au defpote, refusèrent d'en prendre connoiffance ; & les juges, enchériffant fur la barbarie de M. de Jobal, ou effrayés des fuites qui pouvoient en réfulter, ordonnèrent, fans entendre ledit Fouquet, que fa requête fût déchirée ; & à titre, difent-ils, de grace,* le CONDAM-NÈRENT A DEMANDER PARDON, A GENOUX, A UNE DES SÉANCES DE LA COUR DE COMMISSION (1).

QUATRIÈME CHEF D'ACCUSATION.

Abus d'autorité.

FAITS.

MALGRÉ que les gouverneurs des colonies ne puiffent s'immifcer dans aucune affaire contentieufe, civile ni criminelle, regardant les habitans, M. de Jobal fe permettoit, fur la moindre réclamation, de donner ordre de payer ou de garder prifon ; & lorfqu'il fe trouvoit des obligations, il prévenoit avant l'échéance qu'il feroit impitoyable (2).

____

(1) Pour la preuve de ces faits, voyez les pièces A, B, C, D, E, F, contenues dans la liaffe n°. 3.

(2) Les preuves de cette accufation font contenues aux liaffes n°s. 1 & 3, fous les cotes C & D.

CINQUIÈME

CINQUIÈME CHEF D'ACCUSATION.

Autre abus d'autorité.

FAITS.

M. de Jobal ayant mandé le fieur de Saint-Léger, tréforier de la colonie de Tabago, celui-ci fe rendit à fes ordres, & fut très-étonné de s'entendre demander une pièce de comptabilité, qu'il venoit de recevoir de l'ordonnateur chargé des finances de fa majefté.

Le fieur de Saint-Léger repréfenta à M. de Jobal qu'il ne pouvoit s'en deffaifir fans enfreindre fes devoirs; le commandant, irrité de trouver de l'oppofition à fes vues, l'infulta; le fieur de Saint-Léger crut alors que le meilleur parti, pour fe fouftraire aux injures que lui difoit M. de Jobal, étoit de fe retirer; mais à peine fut-il rentré chez lui, qu'il vit arriver le commandant, avec quatre fufiliers & un caporal, & qui de nouveau lui fit demande de cette pièce; fur un fecond refus, il fait entrer la garde chez ce citoyen, en préfence de deux témoins qui fe trouvoient chez le fieur de Saint-Léger, le fait fouiller, lui enlève cette pièce défirée; & non content de fes recherches, entre dans fon cabinet, & ne ceffe fes perqui-

B

ſitions qu'après avoir fureté dans la chambre du ſieur de Saint-Léger (1).

SIXIÈME CHEF D'ACCUSATION,
ET DEMANDE EN CASSATION,

1°. *D'un jugement de la cour du gouvernement de Tabago, du 25 ſeptembre 1789, qui interdit l'avocat Boſque, ainſi que d'un jugement de la cour de chancellerie de ladite iſle, du 28 ſeptembre même année, qui ordonne la radiation du nom de cet avocat du tableau de toutes les cours exiſtantes à Tabago.*

L'ON a vu juſques à préſent le deſpote enlevant l'honneur, l'état & la liberté des citoyens, ſans reſpect pour la loi, la maîtriſer ainſi que les juges, qui tous ont plié ſous la verge de fer, dans la crainte d'être victimes de ſes fureurs.

Je ſuis donc le ſeul de ma profeſſion qui puiſſe s'écrier : ſans cette foible réſiſtance, quels ſont les maux qu'euſſent éprouvé mes concitoyens ?

Les mémoires envoyés par M. de Chancel, procureur général de Tabago, au miniſtre de la marine, prouveront cette vérité.

---

(1) La preuve de cet abus d'autorité eſt contenue dans la liaſſe n°. 5, ſous les cotes A & B.

FAITS.

LE fieur Alexandre Lyon, habitant de Tabago, obtint, le 15 août 1787, de MM. Dillon & Roume de Saint-Laurent, adminiftrateurs de la colonie de Tabago, la conceffion d'un terrein, faifant partie du lot, nº. 30, fitué dans la paroiffe Saint-Louis, divifion du nord-eft de l'ifle fufdite, quartier de Man-of-war-bay, & contenant cent foixante-quinze acres de terre, à la charge d'y faire ériger des bâtimens, & de cultiver un tiers de ladite conceffion dans le terme accordé aux conceffionnaires, fauf les réferves ufitées, & encore à la charge par lui de payer une fomme de 3960 livres, argent des colonies, au fondé des pouvoirs des héritiers de la fucceffion Fizel ; cette conceffion fut enregiftrée le même jour au greffe du gouvernement, & le premier feptembre fuivant au greffe public de l'ifle (1).

Le fieur Lyon cultiva fa nouvelle terre en entier, fit ériger des bâtimens, & paya la fomme de 3960 livres, non compris les autres charges auxquelles font fujets les propriétaires du terrein.

---

(1) Voyez les pièces fous les cotes A & B, nº. 7, à la liaffe nº. 6.

En 1789, le fieur Carminus de Vita, navigateur, acheta une portion de terre, limitrophe de celle du fieur Lyon, qui avoit été concédée au fieur Jorna, parent ou allié de M. de Jobal; & le même arpenteur Vidal, qui avoit mis, dès le 12 octobre 1787, le fieur Lyon en poffeffion de fon terrein (1), s'avifa, le 17 février 1789, fans appeler ledit fieur Lyon, de faire un nouvel arpentage, & de titer une ligne qui enlevoit audit conceffionnaire quarante-quatre acres de terre cultivées, fur lefquels fe trouvoient les cafes de fes nègres, & ce pour en gratifier ledit fieur de Carminus de Vita, qui avoit acheté du parent de M. le commandant.

Le fieur Lyon, légalement en poffeffion, non-feulement parce qu'il poffédoit, mais par droit de culture, d'acquifition, & fuivant les bornes qui lui furent défignées par ce même Vidal, crut devoir fe pourvoir, le 21 février 1789, par le miniftère de M^e. Lefebvre, avocat, devant MM. les adminiftrateurs de ladite ifle, afin d'empêcher que le fieur Carminus de Vita ne vînt cueillir fon coton & s'emparer de fon terrein.

M. Roume de Saint-Laurent, qui fe trouvoit le feul alors des adminiftrateurs dans l'ifle, répondit

____

(1) La preuve de cette mife en poffeffion fe trouve fous la cote A, à la liaffe n°. 6.

à cette requête de la manière la plus sage, établit des juges, & les autorisa à défendre provisoirement auxdits Carminus de Vita & Vidal, de troubler en aucune manière le sieur Lyon dans la jouissance du terrein qui lui avoit été concédé (1).

Le 25 du même mois, le sieur Lyon présenta sa requête devant le nouveau juge, en conformité de l'ordonnance de M. l'ordonnateur ; & après diverses formes & procédures, obtint un jugement provisoire, qui parut, pendant quelques temps, lui rendre sa tranquillité (2).

Mais il étoit dit que le sieur Vidal, qui venoit d'être interdit de ses fonctions d'arpenteur, sur une accusation de faux, par deux jugemens de la cour du gouvernement, des 2 & 5 juin 1789, & que les grands-jurés avoient mis sous l'inculpation de la loi, seroit, le 16 juillet même année, au mépris de cette même loi, qui protège l'innocent & punit le coupable, réintégré dans ses fonctions par le sieur Dangleberme, sous des prétextes spécieux, allégués par le sieur Fontallard, ingénieur du roi à Tabago.

Dès l'instant que le sieur Jobal crut avoir réintégré dans ses fonctions ledit arpenteur, il lui donna

---

(1) Voyez la pièce cotée C, nº. 8, à la liasse nº. 6.
(2) Voyez la pièce cotée D, nº. 9, à la même liasse.

ordre de mettre en poſſeſſion le ſieur Carminus de Vita , ſon protégé.

Le ſieur Vidal , en vertu de cet ordre , ſe tranſporte, le 14 août même année, ſur le terrein du ſieur Lyon , ſomme des voiſins , & rappellant une opération qui avoit été faite à ce ſujet par le ſieur Fontallard , enlève audit ſieur Lyon *leſdits quarante-quatre acres de terre plantés en coton , que ce même arpenteur , par ſon procès-verbal du 22 octobre 1787 , avoit déſignés appartenir au ſieur Lyon , & ſe permet de fixer arbitrairement les dommages que doit recevoir l'opprimé pour l'envahiſſement de ſa propriété* (1).

Le ſieur Moor , porteur de la procuration du ſieur Lyon , ayant reçu ſignification de cette miſe en poſſeſſion , vint requérir mon miniſtère.

Je crus , malgré le deſpotiſme régnant à Tabago , ne pouvoir me refuſer à une demande auſſi juſte , & à laquelle mon état m'obligeoit ; en conſéquence , le 14 ſeptembre 1789 , je le fis proteſter contre un acte d'autorité ſans exemple , qui menaçoit tous les colons de Tabago d'être fruſtrés de leurs poſſeſſions terriennes. Ces proteſtations ſont dans les termes les plus honnêtes , & ne citent

______

(1) Voyez les pièces cotées E , F , G , H , I , n°. 10, 11 , 12 , 13 , 14 , à la liaſſe n°. 6.

même pas l'auteur de l'envahissement de cette propriété (1). Qui l'eût dit, néanmoins, que ce M. de
Fontallard oseroit se déclarer pour être le complic
du despote ? C'est cependant le tableau que vous
présentera la lettre qu'il écrivit, le 15 du même
mois, à mon client (2) , par laquelle il menace
le sieur Moor, ainsi que moi, de la prison, s'il
ne se désiste de ses prétentions ; c'est-à-dire, cédez
votre bien, ou sacrifiez votre liberté ; enfreignez
vos devoirs ; renoncez à votre serment, ou prenez
des fers.

Mon client, sur cettte lettre, m'ayant demandé
mon avis, je lui répondis que la fougue pouvoit
se calmer, & qu'il convenoit de ne rien faire
jusqu'à nouvel ordre ; mais quelle fut ma surprise,
lorsque j'appris, par la voie publique, que M. de
Jobal se proposoit de m'interdire de mes fonctions !
Dès l'instant, je cours au greffe public de Tabago,
je requiers le greffier, devant deux juges de paix,
de recevoir mes protestations (3) ; à peine sont-
elles reçues, qu'un exempt de maréchaussée vient
me signifier que M. de Jobal me demande ; je me

(1) Voyez la pièce sous la cote I, n°. 15, à la
liasse n°. 6.

(2) Cette lettre est à la liasse n°. 6, sous la cote
L , n°. 6.

(3) Voyez la cote M , n°. 17, à la liasse n°. 6.

(24)

-rends à ſes ordres. Nouveau motif deſſurpriſe; en entrant dans la ſalle de l'hôtel de ce commandant, je vois une aſſemblée de quatorze ou quinze adu-clateurs, une table au milieu de la ſalle, à laquelle font aſſis M. de Jobal & M. Fadeuilhe, qui prennent le titre, *l'un de cour de gouvernement & l'autre de greffier; & là, à eux ſeuls, & avant que je puiſſe me faire entendre, on me fait lecture d'un juge-ment qui; ſuppoſant que j'ai manqué de reſpect à M. le commandant dans les proteſtations du ſieur Lyon, m'interdit de mes fonctions d'avocat pour ſix mois.*

Je m'approche reſpectueuſement de la table; je repréſente, avec la plus grande modération, que je ne pouvois me diſpenſer de décliner la juriſdic-tion comme illégale & incompétente, & de pro-teſter de tous dépens, dommages & intérêts contre un jugement qui offroit à tous les citoyens le plus funeſte avenir.

M. de Jobal ne répond que par : vous êtes un inſolent, & l'on n'a que faire de vos proteſtations; je les réitère & demande acte de mes dires : ſur un nouveau refus, je proteſte du déni de juſtice ; tout eſt égal pour lui, il n'en fait aucun cas, & m'or-donne de ſortir de chez lui (1).

____

(1) Ce jugement eſt contenu ſous la cote N, n°. 18, à la liaſſe n°. 6.

Le 28 septembre suivant, la cour de chancellerie siégeant, je crus devoir m'y présenter, sous l'espoir que M. le commandant, président *la cour de chancellerie, seroit plus conséquent & plus juste que M. de Jobal, composant la cour du gouvernement;* mais l'appareil d'une cour, sa publicité, en un mot rien de ce qui peut surprendre l'arbitraire d'un juge à qui il reste encore quelques restes de pudeur, ne put le faire rentrer dans les bornes prescrites par la loi ; & loin de m'ecouter, il ne me permit pas même d'ouvrir la bouche ; son premier mot fut d'insulter à ma conduite, sans en dire les raisons, de vouloir associer à ces inconséquences M. l'ordonnateur, de taxer de hardiesse ma comparution à ce tribunal, & de demander s'il n'avoit pas le droit à lui seul d'ordonner la radiation de mon nom sur la liste des avocats de cette cour.

L'ordonnateur désavoua authentiquement l'imputation qui venoit de lui être faite, établit mes droits, ceux des citoyens ; demanda, au nom du roi, la justice qui m'étoit due, & protesta contre tout ce qui se feroit de contraire.

Le procureur général de sa majesté ayant requis, au nom du roi, d'être entendu, demanda que les motifs de mon expulsion fussent déduits : tout fut inutile.

Le sieur Wilson, un des juges de ladite cour,

voulant feconder baffement ce commandant, commença à pofer en fait, *qu'il ignoroit mon affaire, mais que fon opinion étoit que M. le commandant avoit le pouvoir, comme chancelier, de m'interdire, en déduifant fes raifons.*

Il y en eut affez : M. de Jobal, ne refpectant ni les inftructions de S. M. B., ni celles de S. M., ni les ordonnances, ni les règles de la cour de chancellerie, foumit tous les ordres du roi & la marche judiciaire à l'opinion de l'adulateur qui venoit de le feconder ; *& fatisfait de fa nouvelle qualité de chancelier, en prend le titre ; & d'après cette affertion, me défend d'exercer mon miniftère, fous peine d'être chaffé de l'ifle, comme rebellion à fes ordres.*

L'ordonnateur & le procureur de fa majefté proteftèrent de nouveau contre cette violation du droit naturel & civil, fous toutes les réferves ufitées.

Profitant alors d'un moment où M. le commandant rédigeoit fon jugement, je demandai qu'il fût fait une enquête de mes vie & mœurs ; cette requifition m'ayant été refufée, obligea M. l'ordonnateur & le procureur général d'en folliciter de nouveau la demande ; & fur un refus de la part de M. de Jobal, ils en requirent acte, qui fut infcrit fur ledit jugement.

Ici M. le commandant, ne fachant qu'alléguer,

*finit par dire qu'il ne devoit aucun compte de ſa
conduite, ni de ſes raiſons à perſonne, qu'au roi
ſeul* (1).

Septième chef d'accusation,

Concernant les Indiens de Tabago.

La réclamation que je vais ſoumettre à l'aſſemblée nationale, contenue dans ce ſeptième chef
d'accuſation, ne peut être regardée que favora-
blement de la part des repréſentans d'une nation
libre; & quoique je n'y paroiſſe qu'en qualité d'un
ſimple citoyen, dont l'objet lui eſt indirect, elle
me paroît devoir l'intéreſſer ſpécialement.

F A I T S.

M. de Jobal, en vertu des pouvoirs que S. M.
avoit tranſmis à M. Darot, gouverneur de la
colonie de Tabago, dont il étoit le repréſentant
par intérim, donna, le 24 août 1784, un titre

______

(1) Voyez, pour la preuve de ces faits, la pièce
ſous la cote O, n°. 19, qui ne ſauroit manquer d'être
examinée par ſa ſingularité; & la pièce ſous la cote
P, n°. 20, qui conſtate mon ſerment pris à la cour
de chancellerie de Tabago. Ces deux pièces ſont contenues à la liaſſe n°. 6.

de conceffion à fept familles d'Indiens, connus fous la dénomination de Caraïbes rouges, aux Antilles, de telles portions de terre que lefdits Caraïbes pourroient cultiver, pour en jouir paifiblement fous la protection fpéciale du gouvernement à Tabago (1).

C'étoit rendre à ces indigènes une partie de leurs biens ; c'étoit le chef, fans paffion, qui paroiffoient avoir agi ; en conféquence, les Indiens prirent poffeffion, à la paroiffe Saint-Louis de Man-of-way-bay à Tabago, d'une certaine quantité de terre inculte qu'ils mirent en valeur, & en demeurèrent paifibles poffeffeurs jufqu'en 1789, que le fieur Carminus de Vita, prétendant qu'ils fe trouvoient fur la terre concédée au fieur de Jorna, que ledit Carminus avoit achetée, les chaffa, fans même leur laiffer enlever les vivres qu'ils avoient plantés, ni même leurs cafes, quoique ces Indiens poffédaffent antérieurement à la conceffion du fienr Jorna, foit par droit de poffeffion, de culture & de conceffion.

Le 10 octobre même année, Louis Radiguois, nouveau converti, & chef de cette peuplade, vint implorer mon fecours ; je l'adreffai à un de mes confrères, qui, craignant le defpotifme de M. de

____

(1) Voyez la pièce A, n°. 1, à la liaffe n°. 7.

Jobal, n'ofa entreprendre la défenfe de ces malheureux. Quoique M. de Jobal m'eût enlevé le droit d'exercer ma profeffion d'avocat à Tabago, je ne pus voir avec indifférence les réclamations de ces Indiens ; & faifant un dernier effort en faveur des opprimés, j'écrivis à ce commandant (1) : ma lettre demeura fans réponfe ; mais ayant été préfentée par cet Indien, je lui confeillai de faire fa dépofition devant un juge de paix, afin d'en conftater la remife & le déni de juftice (2).

Moyens qui conftatent que, dans aucun cas, M. de Jobal ne pouvoit fe permettre de tels abus d'autorité.

IL ne me feroit pas difficile de prouver à chaque pas, contre ce commandant, nullités, incompétences, illégalités, dénis de juftice, violation des loix & du droit des gens ; mais les mémoires qui feront vraifemblablement préfentés par M. le procureur général de Tabago, à l'affemblée nationale, m'éviteront des citations qu'il aura déjà faites : je me permettrai néanmoins différentes queftions à

---

(1) Cette pièce fe trouve fous la cote C, n°. 2, à la liaffe n°. 6.

(2 Voyez la même liaffe à la pièce cote D, n°. 3.]

l'appui des chefs d'accusations contre le sieur de Jobal & ses complices.

Première Question.

M. de Jobal pouvoit-il, en qualité de gouverneur, ordonner l'emprisonnement des sieurs Ruthie, Lefebvre & Bosque ?

Les gouverneurs, dans les seules isles où il existoit des milices coloniales, pouvoient, à titre de punition militaire, ordonner la prison, pendant vingt-quatre heures, à un habitant ; mais à Tabago, où il n'en existoit pas, ils étoient privés de ce droit, & il leur étoit défendu de s'immiscer dans toutes les affaires contentieuses, civiles ou criminelles, regardant les habitans desdites isles, sous peine de dix mille livres d'amende, & de tous dépens, dommages & intérêts. Arrêt du 21 mai 1762, concernant les bornes du pouvoir militaire aux colonies. Voyez aussi l'ordonnance du 10 décembre 1759.

Deuxième Question.

Les sieurs Lefebvre & Bosque, en qualité de jurisconsultes, ayant invoqué l'acte de *l'habeas corpus*, M. le commandant pouvoit-il refuser leurs demandes sans enfreindre la capitulation de S. M. avec ses nouveaux sujets de Tabago ; capitulation qui leur conferve les loix angloifes, & fans contre-venir aux inftructions de S. M. données à MM. le comte Dillon & Roume de Saint-Laurent, admi-niftrateurs de ladite colonie ?

Nous nous difpenferons de rapporter ici le précis de la capitulation de Tabago, ainfi que les inf-tructions de S. M. à fes gouverneurs, pour le main-tien provifoire de cette même capitulation ; mais il n'eft pas inutile d'obferver que les loix angloifes, confervées à Tabago, foumettoient entièrement M. de Jobal à l'exécution de la loi invoquée, d'autant qu'il ne s'agiffoit que de faire venir le pri-fonnier devant le premier juge du banc du roi, fous bonne efcorte, & là fon emprifonnement être jugé légal ou non.

TROISIÈME QUESTION.

M. de Jobal ayant fait emprifonner les fieurs Lefebvre & Bofque, pour avoir invoqué l'acte d'*habeas corpus*, ne s'eft-il pas rendu coupable de déni de juftice & d'une violation directe aux droits des gens ? & ne doit-il pas des réparations civiles ?

De tous temps, les loix ont été les barrières qui s'oppofoient à l'arbitraire : fans loix, plus de fo-ciété civile, plus d'harmonie, plus de frein pour celui entre les mains de qui le pouvoir réfideroit :

l'Afie même offre des loix & des ufages ; nul peuple qui n'en ait, nulle puiffance qui ne les refpecte. Le fieur de Jobal, exclufivement, n'a fuivi à Tabago que fa paffion ; il eft donc coupable, non-feulement de déni de juftice, mais d'avoir violé cette même loi, où le malheureux trouvoit encore quelquefois un refuge contre la tyrannie ; auffi, dès l'inftant que la loi d'*habeas corpus* étoit violée, les juges du banc du roi, en Angleterre, non-feulement tenoient ftrictement la main à la venger ; mais fur la moindre infraction de cette loi, ils ordonnoient & ordonnent toujours des réparations civiles, qu'ils évaluent à des fommes confidérables.

DEUXIÈME CHEF D'ACCUSATION.

Affaire du fieur Bofque contre le fieur Wightman, fecrétaire de l'affemblée coloniale de Tabago.

PREMIÈRE QUESTION.

M. de Jobal, affifté de M. Gilbert Pétrie, pouvoit-il fe permettre de rendre un jugement en la cour de chancellerie de Tabago ?

Quoique la cour de chancellerie de Weftminfther, en Angleterre, ne foit compofée *que d'un feul juge, celle de Tabago l'eft de trois : mais ces trois juges devenant indivifibles comme repréfentans le chancelier d'Angleterre, il eft abfolument néceffaire que*

le

le concours des trois membres soit réuni pour avoir force de jugement; ainsi, qu'il est nécessaire, pour les jugemens par jurés, que toutes les voix des douze petits-jureurs n'en fassent qu'une; d'ailleurs cette vérité est prouvée à la suite des instructions de S. M., du 3 juin 1789, par un extrait de l'acte de la législation de Tabago, qui établit la cour de chancellerie dans cette colonie. *Cet acte, passé le 15 janvier 1787, veut que cette cour soit tenue par le gouverneur, l'ordonnateur, & le plus ancien membre du conseil,* CONJOINTEMENT ET ENSEMBLE (1). Or, n'est-ce pas dire qu'ils sont indivisibles? Le jugement est donc nul.

DEUXIÈME QUESTION.

M. de Jobal pouvoit-il m'enlever mon état, que je tenois du vœu unanime de l'assemblée coloniale de Tabago, pour avoir réclamé ce qui m'étoit dû par le sieur Wightman, secrétaire de ladite assemblée?

Je n'entrerai point dans des discussions ennuyeuses, pour prouver qu'un officier public ne peut être destitué de ses fonctions, à moins de prévarication; mais, dans ce cas, bien loin que j'eusse à me reprocher une prévarication, on n'avoit pas même à

____

(1) Cette pièce est à la liasse nº. 2, sous la cote R.

m'accuſer de la moindre négligence : toujours actif, honnête , & tel que mon état le comportoit , j'en rempliſſois les devoirs. M. de Jobal ne pouvoit donc avoir aucuns prétextes pour exécuter cet acte arbitraire.

TROISIÈME QUESTION.

LA moitié des honoraires du ſecrétaire m'étoit-elle dévolue ?

Nommé par l'aſſemblée coloniale de Tabago dé-puté-ſecrétaire , & ſubſtituant toujours le ſecrétaire dans ſes moindres devoirs , les honoraires m'étoient dévolus en entier : d'ailleurs l'immenſe travail de cette aſſemblée , dont les procès – verbaux ſeront remis à l'aſſemblée nationale , ainſi que ſept ou huit regiſtres , tous écrits de ma main , ou par des copiſtes à ma ſolde , qui ſont extraordinairement chers aux colonies , prouveront que 4000 liv. tour-nois annuellement ne ſont que la juſte rétribution de mes peines ; mais plus déſintéreſſé que celui qui me conteſtoit ma réclamation , je conſentois à faire le ſacrifice de mes droits , & laiſſer l'autre moitié à celui qui n'avoit que le titre , tandis que j'avois le travail.

TROISIÈME CHEF D'ACCUSATION,

Concernant les condamnations injustes & flétris-
santes contre le sieur Marc-Antoine Fouquet.

MOYENS.

JE ne me permettrai aucune observation sur ce troisième chef d'accusation, M. de Saint-Laurent ayant expliqué avec la plus grande précision tous les moyens de nullités qui s'y rencontrent, dans un mémoire qu'il avoit préparé, & dont il a bien voulu me donner l'extrait, que j'ai remis à la liasse n°. 3, sous la cote F.

QUATRIÈME CHEF D'ACCUSATION.

Intervertissement de l'ordre judiciaire ; ordres par
écrit adressés à plusieurs citoyens.

MOYENS.

CES ordres sont absolument contraires, tant aux instructions données par sa majesté à ses gouverneurs des colonies, qu'à l'arrêt du 21 mai 1762, & à l'ordonnance du 10 décembre 1759.

CINQUIÈME CHEF D'ACCUSATION.

Violation du droit des citoyens domiciliés ; affaire
du sieur de Saint-Léger.

CE fait est si extraordinaire, qu'il sera inutile de

rapporter aucunes citations : il n'a été inféré dans ce mémoire que pour prouver combien la paffion influoit fur ce commandant.

SIXIÈME CHEF D'ACCUSATION.

Intervertiffement de l'ordre judiciaire ; interdiction injuſte de ſix mois prononcée contre le ſieur Boſque, avocat, par un jugement de la cour du gouvernement, du 25 ſeptembre 1789 ; radiation de ſon nom du tableau des avocats de toutes les cours exiſtantes à Tabago, ſans motifs, ni même accuſation, par un jugement de la cour de chancellerie de Tabago, du 25 ſeptembre 1789.

MOYEN DE NULLITÉ.

PREMIÈRE QUESTION.

M. le commandant pouvoit-il compoſer ſeul la cour du gouvernement?

Le tribunal du gouvernement, ſuivant les loix angloiſes & les inſtructions de ſa majeſté à MM. le comte Dillon & Roume de Saint-Laurent, a toujours été ignoré à Tabago ; mais ſa majeſté ayant, depuis ces mêmes inſtructions, ratifié pluſieurs jugemens émanés de ce tribunal, il n'étoit plus queſtion que de l'aſſujettir au mode de ces tribunaux dans les autres colonies françoises qui portent le nom de tribunaux de l'intendance, afin qu'il eût la compétence requise. En l'affimilant à ces tribunaux, il doit être composé du gouverneur, de l'ordonnateur, de l'homme du roi : ces trois membres n'étant pas réunis, ce tribunal ne peut exister ; donc le jugement est nul.

DEUXIÈME QUESTION.

LE défaut de qualité du greffier rendroit-il le jugement nul, le sieur Fadeuilhe n'étant autorisé à en faire les fonctions que par ce commandant ?

Par les lettres patentes de sa majesté, du 7 juin 1680, les pouvoirs de nommer aux offices de moindres considérations aux colonies, comme notaires, garde-notes, ou huissiers, appartenoient à l'intendant seul.

Le réglement du 25 mars 1763 attribue aussi à l'intendant seul le droit exclusif de proposer à tous emplois de justice & civils venant à vaquer dans les colonies ; en attendant les ordres de sa majesté, les commissions à donner par l'intendant devoient être expédiées au nom du gouverneur & de l'intendant, sans que le gouverneur pût s'y refuser ; mais il a été ensuite dérogé à cette disposition par l'article 3 d'une ordonnance du 25 janvier 1765, qui donne le droit aux gouverneurs de refuser les sujets

propofés par l'intendant, fauf aux gouverneurs &
intendans à rendre compte en commun de la dif-
férence de leurs opinions ; mais les inftructions de
fa majefté à MM. le comte Dillon & Roume de
Saint-Laurent, adminiftrateurs de Tabago, leur
enjoignant de fe référer au réglement du 25 mars
1763, le fujet devoit être néceffairement propofé
par l'intendant. Le fieur Fadeuilhe, au contraire,
n'avoit que là fanction de M. de Jobal, qui l'au-
torifoit à remplir les fonctions de greffier : or, le
défaut de qualité de greffier nous offre donc un
autre moyen de nullité contre le jugement de la
cour du gouvernement, du 15 feptembre 1789.

TROISIÈME QUESTION.

M. de Jobal, foit comme compofant la cour
du gouvernement, foit comme gouverneur, foit
comme préfident de toute autre cour, pouvoit-il
m'interdire & m'enlever mon état ?

Le réglement du 24 mars 1763, article 25,
pour les ifles du Vent, conferve aux gouverneurs
le droit de préféance au confeil, pour y repré-
fenter la perfonne de S. M., & voir ce qui s'y
paffera, pour en rendre compte ; il eft en même
temps défendu à ces officiers de fe mêler en rien
de l'adminiftration de la juftice.

Une lettre du roi, du 2 janvier 1764, particulière

aux gouverneurs de Saint-Dominique, contient les mêmes dispositions, ainsi que l'arrêt du conseil d'état du roi, du 11 mai 1762.

L'article 24 du réglement de 1763, pour les isles du Vent, porte que les gouverneurs ne se mêleront en rien de la justice, & pourront encore moins s'opposer aux procédures.

Les instructions de S. M. B., à ses gouverneurs de Tabago, veulent qu'un officier de justice ne puisse être jugé que par sept conseillers, précédés par le gouverneur, & encore doit-il en être rendu compte à S. M. B., pour qu'elle statue en définitif.

Les instructions de S. M., à MM. le comte Dillon & Roume de Saint-Laurent, administrateurs de ladite isle, à l'article justice, veulent que, si les administrateurs s'appperçoivent qu'il y ait du relâchement dans la conduite des officiers des tribunaux supérieurs, ils provoquent la correction en mercuriale envers ces officiers, & que, si leur vigilance ne produit pas la réforme nécessaire, ils en rendent compte à S. M., sans qu'ils puissent se permettre aucun acte d'autorité envers les personnes.

M. de Jobal a donc été réfractaire aux ordonnances, aux réglemens & aux instructions de S. M., en s'arrogeant un droit qu'il n'avoit pas.

Le jugement du 15 septembre de la cour, soidifant du gouvernement de Tabago, portant mon interdiction, & celui du 28 du même mois de la cour de chancellerie, font donc nuls.

QUATRIÈME QUESTION.

LE défaut de formalité rend-il lefdits jugemens nuls ?

On aura vu, par l'expofé des faits de ce fixième chef d'accufation, que M. de Jobal n'a obfervé aucunes formes ni à la cour du gouvernement, ni à celle de la cour de chancellerie, ni aucuns délais ; mais l'article premier de l'ordonnance de 1667 veut qu'il foit donné des ajournemens, & que les citations, en toutes matières & en toutes jurifdictions, foient libellées, & contiennent fommairement les moyens, à peine de nullité.

Suivant les formes des cours angloifes, les motifs qui donnent lieu à la citation devant une cour doivent être contenus au bill en plainte, & le shérif, ou le prévôt-maréchal, doit vous fignifier l'ordre qui vous mande.

Les délais de l'affignation, fuivant le titre 3, article premier, ordonnance de 1667, doivent être au moins de trois jours, &, fuivant les règles de la cour de chancellerie de Tabago, les délais font fixés à huitaine.

Le défaut de formalité rend donc lesdits jugemens nuls.

SEPTIÈME CHEF D'ACCUSATION.

Réclamation des Indiens.

MOYENS.

TANT de moyens se présentent en faveur
des Indiens, ou Caraïbes rouges de Tabago, qu'il
seroit hors d'œuvre d'ennuyer ici les juges par des
citations qui sont connues de toutes les nations.

Je possède, parce que je possède, lorsqu'il n'y
a pas titre contraire, suffiroit pour prouver la justice de leurs réclamations ; mais à cet axiome de
droit, ils ont la faculté d'annexer un titre qui les
rend possesseurs légaux de leurs terreins, auquel
ils joignent celui de l'avoir mis en valeur.

RÉSUMÉ

DES CHEFS D'ACCUSATIONS

contenus au présent mémoire.

PREMIER CHEF.

DANS ce premier chef d'accusation, il est prouvé
qu'au mépris des loix, des instructions du roi & du
droit des gens, les sujets conquis à Tabago, & les

anciens François y réfidans, ont vu leur liberté en danger, un habitant aux fers, & les officiers publics privés de défendre l'opprimé, à moins que de s'expofer à être une feconde fois emprifonnés & victimes des perfécutions de M. Jobal, commandant de Tabago.

DEUXIÈME CHEF.

ON rencontre dans ce fecond chef d'accufation, concernant le jugement rendu à la requête du fieur Bofque, contre le fieur Wightman, 1°. une partialité fans exemple ; 2°. le mépris des inftructions du roi, à l'article juftice, données aux adminiftrateurs de Tabago ; 3°. l'infraction à l'acte de la légiflation de ladite ifle, qui établit la cour de chancellerie ; 4°. le mépris des membres de l'affemblée coloniale, de qui le fieur Bofque dépendoit uniquement, en qualité de député-fecrétaire de ladite affemblée, & qui feuls pouvoient provoquer fa deftitution, à moins de quelques délits ; 5°. la perte qu'il a fait éprouver au fieur Bofque, d'une fomme d'environ 4000 livres tournois, ainfi que celle de 2000 livres d'appointemens annuels qui lui étoient dévolus.

TROISIÈME CHEF.

IL eft prouvé, à ce troifième chef d'accufation,

que le sieur Marc-Antoine Fouquet a été injustement condamné, par ce commandant & le sieur
Dangleberme, à une cour de commission à Tabago, comme calomniateur ; en outre, à payer
les frais de l'impression de cinquante exemplaires
de son jugement, pour avoir déposé, sous serment,
sur ce dont il avoit été enquis par un juge de
paix, & que les sieurs Couturier du Haton & le
frère Paterne, accusés d'un vol, & chargés par
la déposition de ce témoin, ont été illégalement
déclarés innocens ; il prouve aussi que M. de Jobal
a interverti l'ordre judiciaire, en défendant à un
avocat d'interjetter appel d'un jugement rendu à
ladite cour de commission, aux jurés d'en prendre
connoissance, & à l'opprimé de parler. Cette accusation prouve aussi un déni de justice formel de
la part des grands-jurés de la cour d'Oïer &
Terminer de Tabago, & une machination, ou
une terreur des juges de ladite cour, qui, sans
entendre ledit Fouquet, l'ont condamné, par leurs
jugemens, à demander pardon, à genoux, aux
juges de la cour de commission, pour s'être plaint
d'une condamnation injuste & infamante.

QUATRIÈME CHEF.

Il est prouvé, en ce chef d'accusation, que M. de
Jobal s'arrogeoit à lui seul tous les droits du pou-

voir judiciaire ; & qu'au mépris des loix, il ne
cessoit de tyranniser tous les citoyens de Tabago,
qui se trouvoient forcés d'obéir à six cents baïon-
nettes qui étoient aux ordres du despote.

CINQUIÈME CHEF.

CE cinquième chef d'accusation offre la preuve
que ni son collègue, ni les officiers de finances,
n'étoient à l'abri de ses actes abusifs d'autorité.

SIXIÈME CHEF.

IL est prouvé, par les pièces au soutien de ce
sixième chef d'accusation, que tous les droits de
l'homme & du citoyen ont été violés par ce
commandant.

SEPTIÈME CHEF.

L'ON voit dans ce dernier chef d'accusation la
preuve que sept familles d'Indiens, vivant de bonne
foi depuis cinq ans, en cultivant un terrein qui
leur appartient, sont dépossédés par un protégé de
M. de Jobal, & obligés de se disperser & errer dans
les autres colonies & celle de Tabago, après la
perte de leur fortune, qui consistoit uniquement en
divers acres de terre & de leurs cabanes, qu'ils
avoient péniblement construites. L'on y voit aussi

le déni de justice de ce commandant, qui refuse d'en prendre connoissance, malgré les justes réclamations de ces malheureux.

CONCLUSIONS

SUR LES ACCUSATIONS

Contenues au présent mémoire.

PREMIERE ACCUSATION.

JE conclus, 1°. à l'intervention de M. de Chancel, procureur général de Tabago (1); 2°. à ce que l'emprisonnement des sieurs Ruthie, Lefebvre & Bosque, soit déclaré injuste & tortionnaire ; que les écrous portés sur le regiftre de la geole de Tabago, seront biffés publiquement, à l'issue d'une messe paroissiale, célébrée un jour de fête ou dimanche ; & en outre, que M. de Jobal soit condamné à payer 10,000 liv. d'amende, conformément à l'arrêt du 21 mai 1762, & 4000 liv. de dommages ; pour lesdites deux sommes être versées à la caisse patriotique de Tabago, & réparties en indemnités aux personnes qui ont éprouvé des pertes par l'incendie dernièrement arrivé en ladite colonie.

---

(1) M. de Chancel se trouve actuellement à Angoulême.

DEUXIEME ACCUSATION.

JE conclus à la caſſation du jugement de la cour de chancellerie, rendu entre le ſieur Boſque, député-ſecrétaire de l'aſſemblée coloniale de Tabago, & le ſieur Wightman, ſecrétaire de ladite aſſemblée, le 8 juillet 1789 ; à la réintégration du ſieur Boſque dans ſes fonctions de député-ſecrétaire de l'aſſemblée coloniale de ladite iſle ; &, ſans avoir égard au compromis formé, portant quittance générale, donnée au ſieur Wightman par le ſieur Boſque, & paſſée par-devant Me. Gauthier, notaire à Tabago, le vingt-neuvième jour du mois de décembre 1789, condamner ledit Wightman à payer au ſieur Boſque, en argent ou quittances, la ſomme de 4000 liv. tournois, pour deux années d'appointemens, en qualité de député-ſecrétaire, & celle de 2762 liv. des colonies, montant d'un compte accepté par ledit ſieur Wightman ; & en outre, condamner les ſieurs de Jobal, Gilbert Pétrie & Charles Wightman, ſolidairement les uns pour les autres, un d'eux ſeul pour tout, à payer audit ſieur Boſque la ſomme de 10,000 liv. tournois, pour lui tenir lieu d'indemnités & de tous dépens, dommages & intérêts

TROISIEME ACCUSATION.

LE ſieur Boſque, au nom & comme porteur
de la procuration du ſieur Fouquet, conclut, 1°. à
la caſſation & radiation du jugement de la cour
de commiſſion de Tabago, en date du 15 juin
1789, qui condamne injuſtement, comme calomniateur, ledit Fouquet ; 2°. à la révocation
de l'ordre donné par M. de Jobal, le 16 du
même mois ; & adreſſé au ſieur Boſque, aux jurés
de Tabago & au ſieur Fouquet ; à ce qu'il ſoit
fait défenſe au ſieur de Jobal, & à tous autres
qu'il appartiendra, d'en donnner de pareil à l'avenir ; le déclarer attentatoire aux droits de l'homme
& du citoyen : conclut auſſi, en la même qualité, à la caſſation du jugement à la cour d'Oïer
& Terminer de l'iſle de Tabago, rendu le 16
juin 1789, contre ledit Fouquet, & à ce que
les ſieurs Couturier du Haton, frère Paterne,
Dangleberme & Jobal, ſoient condanmés ſolidairement l'un pour l'autre, un d'eux ſeul pour
le tout, à payer audit Marc-Antoine Fouquet, en
forme de réparations civiles, & pour lui tenir lieu
de tous dépens, dommages & intérêts, la ſomme
de 30,000 liv. tournois, ſauf à l'aſſemblée nationale, dans ſa ſageſſe, à prendre pour la vin-

dicte publique, telle mesure qu'elle croira convenable contre les accusés.

QUATRIÈME ACCUSATION.

JE concus à ce que le sieur de Jobal, conformément à l'arrêt du 21 mai 1762, soit condamné à payer 10,000 livres d'amende, reversibles à la caisse des dons patriotiques de Tabago, pour ladite somme être distribuée en indemnité à ceux qui ont éprouvé des pertes par l'incendie.

CINQUIEME ACCUSATION.

L'ON ne prendra aucunes conclusions sur un abus d'autorité aussi inoui que repréhensible, ce fait n'ayant été rapporté qu'afin de faire connoître à l'assemblée nationale l'ensemble des horreurs que les citoyens de Tabago ont éprouvées de ce commandant.

SIXIEME ACCUSATION.

LE sieur Bosque conclut, 1°. à la cassation & radiation du jugement, portant interdiction de ses fonctions d'avocat pendant six mois, en date du 15 septembre 1789, & inscrit sur les minutes de la cour du gouvernement à Tabago; 2°. à la cassation & radiation du jugement du 25 du même mois,

qui

qui ordonne que son nom sera biffé du tableau des avocats de toutes les cours existantes à Tabago, & porté sur les minutes de la cour de chancellerie de Tabago ; 3°. à ce que lesdits sieurs Carminus de Vita, Vidal, Wilson & Jobal, soient condamnés solidairement les uns pour les autres, un d'eux seul pour le tout, à payer au sieur Bosque, en forme de réparations civiles, & pour lui tenir lieu de tous dépens, dommages & intérêts, la somme de 50,000 livres tournois.

SEPTIÈME ACCUSATION.

LE sieur Bosque, pour le nommé Louis Radiguoi, nouveau converti & chef de la peuplade des Indiens ou Caraïbes rouges, résidans à Tabago, conclut à ce que lesdits Indiens soient réintégrés en possession, à la paroisse Saint-Louis de Man-of-war-bay, près du rivage de la mer, d'une portion de terre, suffisante à l'entretien & subsistance de sept familles, & que ledit sieur Carminus de Vita & le sieur Jobal soient condamnés solidairement, l'un pour l'autre, un d'eux seul pour le tout, à payer audit Radiguoi, comme chef de la peuplade des Indiens de Tabago, & pour leur tenir

D

lieu de dommage, la fomme de 10,000 livres tournois.

Paris, le 17 juillet 1790.

C. B O S Q U E.

Nota. A la page 6, ligne 16, j'ai avancé, qu'ayant adreffé un mémoire au miniftre de la marine, je n'en avois reçu aucune réponfe. Après l'impreffion de cet article, il m'a été remis, par le fieur de Saint-Léger, une lettre de ce miniftre, qui avoit été envoyée à Tabago à mon adreffe ; cette lettre fe trouve à la fuite des pièces fournies en preuves.

J'obferve que dans le mémoire adreffé à M. de la Luzerne, je lui expliquai que le defpotifme régnant à Tabago m'empêchoit de me pourvoir légalement, dans la crainte de nouvelles vexations : que cette raifon m'avoit obligé de m'adreffer directement à lui ; cependant ce miniftre ne m'indique que le feul moyen qu'il m'avoit été impoffible de pratiquer dans une colonie où le defpotifme étoit à fon comble.

Nota. *Pour éviter les frais d'impreffion, nous ne rapporterons ici que quelques pièces, qui feront plus que fuffifantes pour démontrer les horreurs du defpotifme exercé à Tabago ; les autres pièces citées par les notes, feront toutes remifes à l'af-femblée nationale.*

I.

PREUVE DU DEUXIÈME CHEF D'ACCUSATION.

PARDEVANT le notaire royal en l'isle de Tabago , résidant en la ville du Port-Louis, paroisse Saint-André , soussigné ,

Est comparu le sieur Charles Bosque , ci-devant avocat en cette isle , lequel a déclaré que cejourd'hui vingt-neuf dudit mois , & en présence dudit notaire , il auroit été amené au palais de cette ville , où se trouvoient plusieurs de ses créanciers , dans le nombre desquels étoit le sieur Wightman , greffier de cette isle , qui s'est prétendu aussi créancier , & a voulu s'opposer au départ du sieur Bosque , à moins qu'il ne voulût lui donner une quittance finale ; que ledit comparant lui a représenté , en présence de plusieurs personnes & du notaire soussigné, que lui , dit sieur Wightman , étoit son débiteur d'environ six mille livres , & que la cause étant devant le roi , il ne pouvoit lui donner la quittance demandée ; mais voyant que le sieur Wightman persistoit en sa demande , & dans la crainte de nouvelles oppositions , il a accepté la proposition , & a passé un compromis pardevant Me. Gauthier , notaire , contre lequel

il protefte de tous dépens , dommages , intérêts &
de nullité , comme ayant été forcé de paffer ledit
compromis pour obtenir la liberté ; & nous auroit
requis de recevoir lefdites proteftations , & de
les tenir fecrettes jufqu'après fon départ de cette
colonie , qui feront alors fignifiées audit fieur
Wightman , pour fervir au déclarant ce que de
droit ; lecture faite , & a figné , le vingt-neuvième
jour du mois de décembre mil fept cent quatre-
vingt-neuf , à trois heures de relevée. *Signés* ,
fur la minute , C. BOSQUE , & E. LAFON , notaire.

Collationné,

E. LAFON , notaire royal.

NOUS , Philippe-Rofe Roume de Saint-Laurent ,
commiffaire-général-ordonnateur de l'ifle de Tabago & dépendances , certifions & atteftons à tous
qu'il appartiendra , que Me. Lafon , qui a figné
ci-deffus , eft notaire en cettedite ifle , au feing
duquel foi doit être ajoutée , tant en jugement
que hors ; en témoin de quoi nous avons figné
les préfentes , contrefignées par notre fecrétaire ,
& à icelles fait appofer le fceau de nos armes.
Donné en notre hôtel , au Port-Louis-Tabago ,
le 7 janvier 1790.

ROUME DE SAINT-LAURENT.

Par M. l'ordonnateur,

WYATT.

L.

Port-Louis-Tabago, le 11 février 1790.

Je ne te dirai rien, mon cher Bofque, de ce qui s'eft paffé ici depuis ton abfence; M. de Saint-Laurent, qui veut bien fe charger de la préfente, t'en fera le récit: tu trouveras ci-jointes les pièces duement légalifées; quoique les proteftations n'aient pas été fignifiées, elles n'en valent pas moins: je les aurois bien notifiées; mais Wightman, avec qui je travaille, & qui eft intimément lié avec M. le commandant, s'en feroit peut-être fâché, & m'auroit ôté ma place, qui me donne le pain: mais quand j'aurai tout fini avec lui, je les lui fignifierai. Tu fais que l'office de notaire ne rend prefque rien aujourd'hui, Me. Fadeuilhe ayant envahi toutes les places, & par conféquent tous les fuffrages. Quand tu feras à la Martinique, écris-moi de fuite. Adieu, porte-toi bien, & donne-moi ton adreffe à Paris, & fois perfuadé qu'en quelqu'endroit du monde où je puiffe me trouver, je ne t'oublierai pas. *Ofculum amici tibi do.* Tout à toi, bon voyage. Laiffons le tout à la providence, qui ne punit que le méchant.

E. LAFON.

D 3

A.

TROISIÈME CHEF D'ACCUSATION.

Procuration par le sieur Fouquet à Me. Bosque.

20 Avril 1790.

PARDEVANT les notaires royaux en l'isle Martinique, résidans en la ville de Saint-Pierre, soussignés.

Fut présent sieur Antoine Fouquet, employé dans les bureaux du domaine en l'isle Tabago, y demeurant ordinairement, étant ce jour en cette ville, logé paroisse Saint-Pierre :

Lequel a, par ces présentes, fait & constitué pour son procureur général & spécial, Mr. Charles Bosque, avocat, demeurant ci-devant en ladite isle de Tabago, étant de présent en cette isle, sur son départ pour France ;

Auquel ledit sieur constituant donne pouvoir de, pour lui & en son nom, se pourvoir, soit par la voie de cassation au conseil privé du roi, ou devant tous autres tribunaux, cours & juges qui en devront connoître, soit par dénonciation à l'assemblée nationale & à son comité des recherches, contre un jugement rendu en la cour de commiſſion de l'iſle Tabago , en date du quinze juin mil ſept cent quatre-vingt-neuf , & contre un autre jugement rendu en la cour d'Oïer & Terminer , & évacuations des priſons de ladite iſle de Tabago , en date du lendemain ſeize du même mois de juin , par leſquels jugemens ledit ſieur conſtituant a été condamné ſans avoir été entendu , ni ſans qu'il ait pu ſe défendre en aucune manière ; ſavoir , par le premier , à payer les frais de l'affiche dudit jugement , à titre de punition & ſous prétexte de grace , avec ordre d'être plus circonſpect à l'avenir ; & par le ſecond , auſſi ſous prétexte de grace , à ſe préſenter à la cour de commiſſion , pour faire des excuſes , & à demander pardon à genoux , & lequel dernier jugement porte en outre que la requête que ledit ſieur conſtituant avoit préſentée pour ſa juſtification , ſeroit préalablement déchirée ; dénoncer auſſi à l'aſſemblée nationale les vexations odieuſes & les abus d'autorité dont on s'eſt ſervi envers ledit ſieur conſtituant , pour le forcer d'acquieſcer & exécuter leſdits jugemens ; requérir ſur le tout la juſtice qui eſt due à tous les citoyens , contre les actes du deſpotiſme , dans un temps où la nation françoiſe a enfin reconnu ſes droits & ceux des membres qui la compoſent ; produire , à l'effet de tout ce que deſſus , ſoit à l'aſſemblée nationale , ſoit à ſa majeſté , toutes pièces juſtificatives, & autres que beſoin fera, pour prouver leſdits abus d'autorité, les dénis de juſtice, & toutes les procédures irrégulières dont ledit ſieur conſtituant a été la victime; préſenter & ſigner tous mémoires, requêtes, écrits qu'il jugera à propos, le tout, d'après les inſtructions que ledit ſieur conſtituant lui fournira ; obtenir tous décrets, arrêts & autres jugemens qui pourront intervenir, les lever & faire expédier aux formes requiſes, & généralement faire, pour faire rendre audit ſieur conſtituant la juſtice qui lui eſt due, & lui obtenir les dommages des torts & vexations qu'il a éprouvés, tout ce que ledit ſieur procureur conſtitué aviſera bon être, promettant l'avouer & avoir tout ce qu'il fera pour agréable, & le ra-tifier à toutes requiſitions, obligeant ; & feront, ces préſentes valables, nonobſtant furannation & juſques à révocation expreſſe. Fait & paſſé à Saint-Pierre, ès études, l'an mil ſept cent quatre-vingt-dix, le vingt avril après midi ; & a, ledit ſieur conſtituant, ſigné la minute des préſentes, de-meurée à Me. Cairoche, l'un des notaires ſouſſignés.

PETIT. CAIROCHE.

Nous, Jean Amas Aſtorg, avocat en parle-ment, conſeiller du roi, ſénéchal de la ville de Saint-Pierre-Martinique, certifions & atteſtons à tous qu'il appartiendra, que M^es. Petit & Cairoche, qui ont figné ci-deffus , font notaires royaux en cette ifle , & que foi doit être ajoutée à leurs fignatures, tant en jugement que dehors : en témoin de quoi nous avons délivré ces préfentes , & à icelles fait appofer le fceau de cette colonie, où le papier timbré ni le contrôle ne font point en ufage.

Donné en notre hôtel , à Saint-Pierre-Martinique , le 21 avril 1790. A nous 3 liv.

A S T O R G.

Et fcellé ledit jour. R. 4 liv. 10 fols.

B O R D E.

D.

PREUVES des troifiéme & quatriéme chefs d'accufation.

PREMIÈRE PIÈCE. N°. 1.

Billet de Plaffon.

BON pour 259 liv. 16 fols, que je paierai à André, nègre libre, pour folde de tous fes travaux qu'il a faits pour moi jufqu'à ce jour, le premier juillet 1786. *Signé* PLASSON.

Au dos : *Reçu 52 liv. à compte.*

Au-deffous : « Ordre à M. Plaffon de payer dans huit jours le porteur dudit billet ; faute de quoi, je ferai forcé de le punir. 21 août 1787. *Signé au bas*, le chevalier DE JOBAL ».

SECONDE PIÈCE. N⁰. 2.

ORDRE à M. Bofque de payer, d'ici à huit jours, l'ordre qu'il a contracté à vue vis-à-vis le fieur Vrignault, fans quoi je ferai obligé de le mettre en prifon jufqu'à parfait paiement. Je l'en préviens, afin qu'il ne vienne pas me tourmenter pour obtenir plus de temps, lui promettant d'avance qu'il ne lui en fera point accordé. Il eft à ma connoiffance un autre billet de 334 liv. à M. Vrignault ; M. de Jobal l'engage à s'en occuper lorfqu'il fera échu, afin qu'il ne lui en foit pas porté plainte, fans quoi il s'en fouviendra, & lâchera des ordre contre lui à l'échéance. Port-Louis-Tabago, 21 février 1788. *Signé* le chevalier DE JOBAL.

TROISIEME PIECE. N°. 3.

JE paierai à M. Delgrés ou ordre 288 liv. 2

fols 4 den. , valeur en quittance. Port-Louis , 24 février 1788. *Signé* BOSQUE.

Au-deſſous : « Ordre au ſieur Boſque de payer tout de ſuite le montant dudit billet , ayant ſu qu'il avoit de l'argent pour payer des inſultes dites à la jeuneſſe de ladite iſle ; en conſéquence , ſes dettes doivent être acquittées. *Signé* le chevalier DE JOBAL (1).

QUATRIEME PIECE. N°. 4.

J'AI l'honneur de prévenir M. l'ordonnateur de ne point annoncer d'autres aſſemblées de cour d'Oïer & Terminer, mon intention étant d'en convoquer une au retour de M. de Fontallard, ingénieur en chef de cette iſle , par une nouvelle proclamation.

J'ai auſſi celui de le prévenir , que j'ai remis à M. de Chancel mes intentions, relativement à la tenue de la cour d'Oïer & Terminer. J'ai l'honneur d'être , &c. *Signé* le chevalier DE JOBAL. Port-Louis-Tabago , 16 juin 1789. —— M. l'ordonnateur en l'iſle de Tabago.

____

(1) J'ignore pourquoi M. de Jobal m'a accuſé d'avoir payé des inſultes dites à la jeuneſſe. Jamais je n'ai pu ſavoir ce qu'il avoit voulu dire ; il faut eſpérer qu'il s'expliquera , & alors il ſera facile de me juſtifier.

CINQUIEME PIECE. N°. 5.

JE donne avis à M. de Chancel, procureur
général, que je ferai à mon hôtel tous les jours; &
comme mon intention, en convoquant la cour
d'Oïer & Terminer, étoit d'y faire juger feulement
l'affaire du fieur Vidal, n'y ayant pas d'autres
caufes lors de ma proclamation, je le prie encore
de me donner avis, auffi-tôt qu'il en aura connoiffance, de toutes les caufes qui pourroient y être
agitées, autres que celles contenues en fa note, &
auparavant que la cour puiffe s'en occuper, ayant
été inftruit que je ne devois pas être préfent à la
cour. Fait au Port-Louis-Tabago, le 16 juin 1789.
Signé le chevalier DE JOBAL.

SIXIEME PIECE. N°. 6.

JE défends au fieur Bofque d'appeller du jugement rendu hier à la commiffion, n'ayant pas pris
mes ordres, & devant refpecter ce que cette cour
a décidé; & au fieur Fouquet de fe taire, devant
être très-heureux de la douceur de ce jugement,
& j'invite MM. les jurés à ne pas les-recevoir en
plainte, cette affaire étant terminée par MM. les
adminiftrateurs & confeillers du roi, établis pour
la liquidation des dettes de l'ifle de Tabago envers
les étrangers. Port-Louis, 16 juin 1789. *Signé* le

chevalier DE JOBAL. *Plus bas*: Si le fieur Coker fe
plaint contre le fieur Couturier, il a grand tort ;
car, fans lui, je lui faifois une affaire criminelle,
étant mauvais fujet : j'invite MM. les jurés à ne
pas l'écouter en plainte, & à lui dire de ma part
de fe taire, s'il ne veut être puni fortement par
moi, qui, dans le temps, lui ai fait grace, & ai
bien voulu le garder dans l'ifle. *Signé* le chevalier
DE JOBAL.

SEPTIEME PIECE. N°. 7.

DOIT M. Fouquet à Georges Burnett, pour
l'impreffion de 50 exemplaires, ordonnés par la
cour de commiffion,

ci. . . . . 132 liv.

Au bas : « Ordre au fieur Fouquet de payer
tout de fuite les 50 exemplaires défignés ci-deffus,
d'après le jugement rendu contre lui à la cour de
commiffion ; &, s'il s'y refufe, je le préviens que
je le punirai fortement. Port-Louis-Tabago, 9
juillet 1789. *Signé* le chevalier DE JOBAL.

Au-deffous : Tabago, 9 juillet. Reçu, &c.

Signé GEORGES BURNETT.

HUITIEME PIECE. N°. 8.

DOIT André, N. L. à Befacies,
Pour deux culottes. . . . . . . 33 liv.
Pour une *dito*. . . . . 12 liv. 7 f. 6 d.

A V O I R	45 liv. 7 f. 6 d.
	22 liv. 10 f.
S O L D E	24 liv. 17 f. 6 d.

Au bas eſt écrit : « Ordre de payer tout de ſuite, ſinon mis à la geole, juſqu'au parfait paiement. 25 août 1789. *Signé* le chevalier DE JOBAL ».

En marge eſt écrit : « Ordre au brigadier de maréchauſſée d'exécuter le préſent ordre tout de ſuite. 29 août 1789. *Signé* le chevalier DE JOBAL.

NEUVIEME PIECE. N°. 9.

JE payerai, à l'ordre de M. Aubert, 49 liv. 10 fols, valeur dudit ſieur comptant. Port-Louis, 7 avril 1783. *Au bas* eſt une X, autour de laquelle eſt écrit : « Marque ordinaire de Jean Barthelemi, & *au bas* font ſignés Bigé, témoin ; Jaccopen, témoin ; & Pouſacq. *Plus bas eſt écrit :* Ordre de payer tout de ſuite, ſinon mis en priſon. *Signé* le chevalier DE JOBAL ».

« Collationné par nous, notaire fouffigné, fur
» les neuf pièces originales, dépofées en notre
» étude, par M. Roume de Saint-Laurent, or-
» donnateur en l'ifle de Tabago. Cejourd'hui
» vingt-trois feptembre 1789.

GAUTIER, notaire ».

Pour cinq expéditions délivrées à M. de Saint-
Laurent.

Nous, commiffaire - général - ordonnateur de
l'ifle de Tabago & dépendances, certifions & atteftons à tous ceux qu'il appartiendra, que la fignature appofée ci-deffus eft celle de M^e. Gautier, notaire en cette ifle, & que foi doit être
ajoutée à tout ce qu'il figne en cette qualité, tant
en jugement que hors.

Donné en notre hôtel, fous le fceau de nos
armes & le contre-feing de notre fecrétaire, au
Port-Louis de Tabago, le 16 décembre 1789.

ROUME DE SAINT-LAURENT.

Par M. l'ordonnateur,

WIATT.

PREUVE DU SIXIÈME CHEF D'ACCUSATION.

EXTRAIT d'une lettre écrite par M. Soalhat de Fontallard, à M. Archibald Moor Lyon.

MONSIEUR,

J'AI reçu hier des ordres de préparer deux logemens au fort : comme je préfume que c'eft pour vous & M. Bofque, je vous en donne avis, afin de vous éviter cette chofe défagréable ; j'ai pris de M. Carme la copie de votre protêt, qui a été envoyé pour empêcher de le montrer au commandant.

Ce protêt eft rempli de phrafes offençantes contre M. de Jobal, &c. s'il le voit, il ne peut manquer de vous envoyer tous deux au fort, d'où il fera difficile de fortir ; il n'eft pas trop tard de changer ou fupprimer les phrafes, & je vous confeille de le faire pour votre tranquillité.

Le fieur Vidal fe qualifiant, &c. cette phrafe eft folle, parce que c'eft moi qui a verifié l'arpentage, & non M. Vidal.

M. Vidal

M. Vidal étant encore arpenteur général par ordre de M. le commandant en chef, ce n'eſt pas votre affaire d'en demander raiſon, puiſque pluſieurs meſſieurs de cette iſle l'ont employé depuis peu, & n'ont nullement objecté contre lui pour avoir pris ce titre, *ledit Vidal s'eſt arrogé le droit*, &c. il a la choſe, ayant été décidé par M. le comte Dillon, le 9 mai dernier. M. Vidal a copié exactement mon plan, & j'en ai certifié les différentes parties.

Le requérant, grevé par cet acte, &c. Le général a réglé que M. Carmé payeroit deux moëdes & demi par acre de terrein que M. Lyon feroit obligé d'abandonner par nouveau réglement ; & c'eſt d'après cela que M. Vidal a agi : ainſi, vous allez contre les ordres du gouverneur, & à préſent vous agirez contre ceux de M. de Jobal, qui a rétabli M. Vidal dans ſa charge : réfléchiſſez ſur tout ceci, & agiſſez en conſéquence.

J'ai l'honneur d'être votre très-humble & obéiſſant ſerviteur.

Signé SOALHAT DE FONTALLARD.

Certifié véritable. Port-Louis, le 15 ſeptembre 1789. *Signés* ARCHIBALD, MOOR, LYON. Paraphé *ne varietur*, le 17 ſeptembre 1789. *Signé* E. LAFOND.

E

Je souffigné, interprète général de l'ifle de Tabago, certifie que la préfente traduction ci-deffus, & de l'autre part, d'une copie notariée, fignée E. Lafond, eft fidèle & véritable. Au Port-Louis, le 23 feptembre 1789. *Signé* E. S. LÉGER.

Collationné, E. LAFOND, notaire royal.

NOUS, commiffaire-général-ordonnateur de l'ifle de Tabago & dépendances, certifions & atteftons à tous ceux qu'il appartiendra, que la fignature appofée ci-deffus, eft celle de M. Lafond, notaire en cette ifle, & que foi doit être ajoutée à tout ce qu'il figne en cette qualité, tant en jugement que hors.

Donné en notre hôtel, fous le fceau de nos armes, & le contre-feing de notre fecrétaire, au Port-Louis de Tabago, le 16 décembre 1789.

ROUME DE SAINT-LAURENT.

Par M. l'ordonnateur,

WYATT.

SIXIÈME CHEF D'ACCUSATION.

Séance de la cour de chancellerie, au Port-Louis, le 28 septembre 1789, en a été extrait ce qui suit, savoir : préfens,

M. le chevalier de Jobal, commandant en chef ;

Roume de Saint-Laurent, commissaire-général-ordonnateur ;

Wilson, conseiller.

M. le commandant a observé à la cour que, par rapport à la mauvaise conduite du sieur Bosque, il avoit été interdit de ses fonctions d'avocat pour l'espace de six mois ; mais en considération de l'avis de M. l'ordonnateur, cette interdiction fut réduite à un mois : mais voyant que le sieur Bosque avoit la hardiesse de prendre sa place, il demande l'avis de la cour, s'il n'avoit pas le pouvoir de rayer son nom de la liste des avocats en cette cour.

M. l'ordonnateur s'étant levé, a dit qu'il devoit se justifier publiquement de l'imputation que vient de lui faire M. le commandant : que voici comme les choses se sont passées, le jour que la lettre de MM. les adminiftrateurs de la Martinique, le 9 feptembre, adreffée à MM. les adminiftrateurs de Tabago, arriva; après que cette lettre eut été lue, parmi différentes chofes qui furent dites à cette occafion, M. le commandant propofa à M. l'ordonnateur de décider lui-même la punition que méritoit le fieur Bofque, pour avoir fait un protêt, en conféquence duquel protêt le fieur Bofque fût interdit; que M. l'ordonnateur dit à M. le commandant qu'il faudroit que lui, l'ordonnateur, fût le plus lâche de tous les hommes, s'il ordonnoit aucune punition au fieur Bofque, pour ce protêt, par la raifon que lui, ledit fieur Bofque, étoit venu le trouver, en fadite qualité d'ordonnateur, pour le prier de lire ledit protêt avant qu'il le remît au notaire, & le fuppliant, s'il y trouvoit aucune chofe malhonnête ou déplacée, de l'en avertir, afin qu'il pût le corriger; que l'ordonnateur avoit, en conféquence, lu le protêt par deux fois, & n'y avoit rien trouvé de répréhenfible, & lui avoit dit qu'il pouvoit le remettre au notaire, tel qu'il étoit; qu'alors M. le commandant ayant engagé de nouveau l'ordonnateur de vouloir bien décider lui-même l'affaire, l'ordonnateur, dans l'intention de ne point faire d'obftacle aux vues de la pacification propofée par MM. les adminiftrateurs de la Martinique, dit à M. le commandant qu'il croyoit que l'interdiction du fieur Bofque devoit finir au jour de la prochaine féance de la cour de la chancellerie ; que M. le commandant dit que cela ne fuffifoit pas , & qu'il le releveroit de fon interdiction dans un mois.

L'ordonnateur obferve à la cour, que ce qui fut dit entre M. le commandant & lui , ne peut influer en rien fur les droits du fieur Bofque , & que du moment que le fieur Bofque fe préfente en cette cour pour y remplir fes fonctions d'avocat , l'opinion de M. l'ordonnateur , fondée fur la juf- tice , les loix , les droits des citoyens & ceux des officiers publics , eft que le fieur Bofque ne peut pas être détourné de remplir fes fonctions , à moins qu'il n'y ait un jugement contre lui prononcé par cette cour ou par aucune autre cour légale & com- pétente , felon les formes prefcrites par les loix.

C'eft pourquoi M. l'ordonnateur , en fadite qualité , réclame , au nom du roi , la juftice qui eft due au fieur Bofque , & protefte , en fadite qualité & audit nom , contre tout ce qui fe fera de contraire auxdits droits.

M. le procureur général ayant demandé d'être entendu au nom du roi , a dit que le fieur Bofque étant avocat en la cour de chancellerie , & fe préfentant afin de remplir le devoir de fon état , ne peut être chaffé par M. le commandant en

chef, préſidant cette cour , ſans qu'elle ait eu connoiſſance des motifs d'une pareille expulſion , &
ſans qu'elle ait jugé leur légitimité ; qu'il ne doute
point de la pureté des intentions de M. le commandant , mais que ſa religion a pu plus facilement
être ſurpriſe dans un acte auſſi important , & qu'il
a fait ſeul ; que ne le ſeroit celle d'un tribunal
légalement aſſemblé , & auquel appartient le ſieur
Boſque en ſa qualité d'avocat ; & M. le procureur
général a requis que la connoiſſance des motifs
ſur leſquels le ſieur Boſque a été interdit par
M. le commandant, ſoient donnés à la cour , &
qu'elle délibère ſur le point de ſavoir ſi le ſieur
Boſque devoit être admis , & ce que M. le procureur
général a déclaré dire ſous toutes les réſerves de
droit.

M. Wilſon , prenant la parole , a dit qu'il étoit
ignorant de toute l'affaire du ſieur Boſque ; il donne
ſeulement ſon opinion, qu'il croyoit qu'il eſt dans le
pouvoir de M. le commandant, comme chancelier,
d'interdire le ſieur Boſque, ou aucun autre avocat
de la cour de chancellerie , qui ſe ſera mal con-
duit , en donnant ſes raiſons.

M. le chancelier a pris la parole , & a dit que
le ſieur Boſque ayant été interdit pour un mois,
prouve qu'il ne reconnoît point l'autorité du chancelier de la cour , s'étant préſenté en robe pour

y tenir sa place ; M. le commandant est fort aise
d'observer l'indécence de ses défenseurs, qui n'ont
pu que l'engager à cette démarche déplacée dans
un lieu si respectable, ce qu'il n'auroit pas osé
faire, s'il ne s'étoit pas senti soutenu par M. l'ordonnateur & par M. de Chancel, procureur général ; en conséquence, il prononce, en sa qualité
de chancelier, en attendant les ordres du roi,
sur-tout d'après les comptes qu'il en a déjà rendu
au ministre, par sa lettre du 22 septembre 1789,
que le sieur Bosque soit rayé du tableau des avocats,
appuyant son droit sur ce que ledit sieur Bosque
n'a de commission d'avocat que de M. Roume de
Saint-Laurent & M. le chevalier de Jobal, sur-tout
M. Wilson, conseiller siégeant à ladite séance,
ayant donné son avis comme il dit ci-dessus, lui
défendant, en sa qualité de chancelier & président
de toutes les cours existantes à Tabago, de se
présenter à l'avenir, sous peine d'être chassé de
l'isle, comme rebelle à ses ordres ; se réservant de
rendre compte au ministre de sa conduite à ce
sujet.

M. l'ordonnateur a pris la parole, & a dit :
je prends acte par ces présentes, que les opinions
que vient de donner M. le commandant en chef
& M. Wilson, entraînent nécessairement la dis-
solution de la cour de chancellerie de Tabago,

par la raison que, d'après les inftructions données par fa majefté à MM. le comte Dillon & Roume de Saint-Laurent, il fut paffé un acte, par la légiflation de cette colonie, pour établir la cour de chancellerie de Tabago, telle qu'elle doit être actuellement; en vertu de cet acte, le chancelier eft compofé de trois perfonnes; favoir, les deux anciens adminiftrateurs & le plus ancien des membres du confeil; qu'en conféquence dudit acte, M. le commandant n'a qu'un tiers de droits & facultés de chancelier, & que la décifion de ces deux meffieurs, réuniffant en M. le commandant feul toutes les facultés de chancelier, comme j'ai dit, annulle la cour de chancellerie de Tabago, & eft une violation directe, tant des inftructions de fa majefté que dudit acte de la légiflation de Tabago.

C'eft pourquoi M. l'ordonnateur dit que s'il ne fe retire point de la cour, ce n'eft que pour ne pas empêcher le cours de toute juftice à Tabago, & dans l'efpérance que fa majefté daignera, lorfqu'elle aura été fuffifamment inftruite de la nature des chofes, en annullant tout ce qui fera fait, par ledit tribunal, de contraire aux droits des citoyens, & aux loix qui régiffent la colonie, confirmer au contraire tout ce qui fera fait en conformité dudit droit & defdites loix, malgré l'incompétence & même la nullité du tribunal.

M. le commandant , ayant repris la parole , a observé qu'un avocat de plus ou de moins , sur-tout comme le sieur Bosque, qui auroit dû être rayé du tableau, pour avoir insulté grièvement MM. du comité intermédiaire , qui ont porté leurs plaintes à ce sujet à M. l'ordonnateur, & qu'il ne s'est contenté que d'en rire pour réparation ; ces messieurs ont été vivement humiliés ; il ajoute de plus , qu'il étoit bien assuré que ces messieurs se seroient conduits de même , s'entendant pour contre-carrer en tout M. le commandant en chef, ce qui lui fait espérer que le roi mettra ordre à ce manque d'égards & de respect dû à sa place par tous les individus ; en conséquence, il persiste, au nom du roi , que le sieur Bosque soit rayé du tableau des avocats de toutes les cours existantes à Tabago.

M. le procureur général a pris la parole , & a dit qu'il est très-sensible de l'imputation que lui fait M. le commandant, d'être entré dans aucunes associations pour le contre-carrer; que le contraire est prouvé par la lettre qu'il a écrite à M. le commandant, en lui demandant un congé pour France, qui lui a été refusé , ce qu'il n'auroit pas fait, s'il eût été animé par l'esprit du parti qui lui est reproché.

M. l'ordonnateur, prenant la parole , a dit : le sieur Bosque ayant demandé à la cour qu'il fût fait une enquête de ſes vie & mœurs , afin qu'il pût ſe diſculper des imputations de M. le commandant en chef , contre lui , & M. le commandant en chef ayant refuſé , je lui demandai s'il permettoit au ſieur Boſque d'en prendre acte des minutes de la cour ; il a répondu que non : c'eſt pourquoi , en madite qualité d'ordonnateur , & pour le maintien des droits des citoyens , je prends acte de ladite demande & dudit refus.

M. le procureur général a pris le même acte.

A quoi M. le commandant a répliqué , pour la dernière fois , que la réunion de ces deux meſſieurs prouve ce qu'il a avancé relativement à ce qu'il a dit , qu'il étoit contre-carré par ces meſſieurs , & que l'enquête demandée ne peut être qu'imparfaite , vu qu'il ne doit aucun compte de ſa conduite ni de ſes raiſons à perſonne , qu'au roi ſeul , & qu'il va inſtruire tout de ſuite. *Signé à la minute* , le chevalier DE JOBAL , chancelier ; ROUME DE SAINT-LAURENT , & WILSON , conſeiller.

Pour copie conforme à la minute , de laquelle la préſente a été extraite , ce 28 ſeptembre 1789.

Signé C. WIGHTMAN , ſecrétaire.

Pour copie collationnée ,

E. LAFOND.

NOUS, commissaire-général-ordonnateur, certifions & attestons à tous ceux qu'il appartiendra, que la signature apposée ci-dessus est celle de Me. Lafond, notaire en cette isle, & que foi doit être ajoutée à tout ce qu'il signe en cette qualité, tant en jugement que hors.

Donné en notre hôtel, sous le sceau de nos armes, & le contre-seing de notre secrétaire. Au Port-Louis-Tabago, le 16 décembre 1789.

ROUME DE SAINT-LAURENT.

Par M. l'ordonnateur,

WYATT.

TABAGO.

Réclamatton contre un jugement de la commission.

A Paris, le 6 novembre 1789.

J'AI reçu, Monsieur, avec votre lettre du 23 juillet dernier, une requête, par laquelle vous réclamez contre un jugement rendu par la cour de chancellerie de Tabago, dans une discussion d'intérêt entre vous & le sieur Wightman, secrétaire de l'assemblée coloniale, & greffier de la chancellerie. Cette affaire est entièrement du ressort des tribunaux , & c'eſt pardevant eux que vous devez vous pourvoir. Je ne pourrois en prendre connoiſ-ſance que dans le cas où elle ſeroit portée au conſeil d'état.

Je ſuis , Monſieur , entièrement à vous.

LA LUZERNE.

A Monſieur BOSQUE ,

à Tabago.

NOUS , commiſſaires nommés par l'aſſemblée générale, ſection de la Bibliothèque (ci-devant des filles Saint-Thomas) , à l'effet de collationner les pièces juſtificatives ci-deſſus & des autres parts , certifions qu'elles ſont conformes aux originaux qui nous ont été préſentés par le ſieur Boſque. A Paris, le 25 novembre 1790. J. HUGOU, J. C. MAGOL, LAVALLÉE, VITRY , notables adjoints, L. MILLY.

F I N.

9 782329 140780